言霊百神《ことだまひゃくしん》

真・善・美の宇宙

みえないピラミッド　トーラスのりんご

大下　伸悦

まえがき

「古事記神話の巻」は、延々と神様の名前が羅列されていくのみで、百の神様（他に黄泉の八神）が登場します。どうしてこのような編集をしなければならなかったのでしょう。何か隠された意図があるはずです。

でも、「古事記神代の巻は、統皇《すめらみこと》のために用意されている【ことたまの原理】の書です」と言われても、「いくらなんでもそれはないだろう」と思ってしまいます。しかし、「ことたまの書」だといわれていることについては、「あの列記された神々の名前が、それぞれに言霊《ことだま》のことなのかも知れない」と思い始めると、俄然、興味が湧いてきます。

この古事記神代の巻には、アマテラス神が司る田んぼの話が出てきます。

そして、織機屋《おりはたや》で織物を織る機織女という女性も登場し、アマテラス神の御正殿（神殿）の話もでてきます。アマテラスのいらっしゃるところが天上界で、スサノオ神が地上界から訪ねてくるというのです。

どうやら、アマテラスの田んぼは、五十種類の稲が生えている田んぼで、縦に五行、横に十列になっている田んぼのようです。縦の五行に大きな意味がありそうです。田んぼといえば稲ですが、イネとは「五音（いね）」のことでもありますから「五つの母音」を表徴しています。

すると、横の十列には何が入るのでしょう。縦が「母」なら、横には「父」が並ぶでしょう。しかし「父」は「父韻《ふいん》といういまだ音にはならない存在」なのです。「母」とくっつくことで、子どもが生まれます。その子を「子音」と言います。子音を「三十二神」生みましたというのが古事記神話です。

それに対し、「子音は四十神生まれました」、というのが出雲や名古屋の世界です。でも、結論をいえば同じことを言っているのです。（省略）

さて、十列のうち、両サイドの「陰・陽の母音の列」の間にはいまだ音にならない「八列の韻」が舞っています。それが「T・K・M・H・R・N・Y・S」という韻です。

これらのすべてに母音がつきます。すると、「Tに母音A」がついて「た」のことたまが生まれます。ア行でいえば「たかまはらなやさ」となります。

神話が伝えんとしているのは、アマテラス神が司るのは「たかまはら」の「弥栄《いやさか》＝やさ」が「成《な》」る精神宇宙だということなのです。「天上界」とは「たかまはら」という弥栄が成りませる「精神宇宙」ですよ、ということを述べているのです。

しかし、このことを知っていいのは統皇だけなのであって、それ以外の人々には、「高天原はシュメールやヒマラヤにあったかもね」、といったような世俗的な話で盛り上がってくれた方が、神話が大事にされるという意味ではありがたいことなのです。

アマテラス神は織物を織る機屋をも司っていらっしゃいます。

織物は縦糸と横糸をからませて織られていきます。そして織りあがった布には布としての生命が宿り、織物という生命意識が宿る（織は識を宿す）のです。

この織るという創造行為には「糸（流体）を通して創造エネルギー（生命エネルギー）」が吸引されていきます。

どうやら、アマテラス神は「ことたま」を縦糸と横糸に織りなし、すなわち、線で流れる「言葉や思い（言霊）」を、「面に綴られた精神界」から引き出させる仕組みを司る神だったということが垣間見えてくるのです。

私たちは、言葉を「流体」で流していきます。すなわち、思いや言葉を「線」で発信します。ですから同時に「二つの音」を発することはできません。

また、脳内においても、「同時に二つ以上のことを思ったり、考えたりすることはできない」のです。

このことは、言霊《ことだま》の法則の大事なポイントの一つです。このことをおろそかにすると、今生を上手に旅することはできません。

おろそかにすると、「左脳が何者かの思惑にいいように操られる」ことになっていきます（マインドコントロール）。御自身が購入したツール（テレビ、雑誌など）で自分がいいように操られていくのです。

このアマテラス神の司る「利他の精神宇宙」でのスサノオ神の行状については後々紹介していくことにしましょう。

古事記における神々の終盤の三神は、人間の精神宇宙を司る神です。

その九八番目の神がアマテラス神です。九九番目の神がツクヨミ神です。この神は二つの精神宇宙を司っているのです。それが、神宮(伊勢)の神域に顕わされています。

そして、言霊百神の百番目にさっそうとして登場する神がスサノオ神です。スサノオ神の司る精神宇宙は私たちの生活の根幹を司る「地の理の精神宇宙」なのです。

古事記や大祓詞《おおはらえのりと》は、私たちに「五つの精神宇宙」を示しています。しかし、他に二つの精神宇宙が存在しています。

その一つは、私たちが肉体を手放したときに還る七つ目の精神宇宙、「ワンネスの宇宙」です。もう一つは、「ひふみ祝詞」と「いろはうた」に暗在されている精神宇宙です。

私たちが肉体を持って到達する最高到達域の精神宇宙は、アマテラスの利他の精神宇宙なはずなのです。しかし、「ひふみ祝詞」と「いろはうた」は、「もう一つの精神宇宙」を暗在させていたのです。

この六つ目の精神宇宙を顕在化させることは可能なのでしょうか。それは「左脳」がしっかりと認識することで顕在化されていきます。わたしたちが、それを左脳で知ることが大事なのです。

ちなみに「精神」とはなんなのでしょう。それは、文字で示されているとおり、精神という名の神のことです。点と線のことたまを、面と立体で織りなした経と緯のトーラス宇宙のことです。

それにしても、この国はなんという国なのでしょう。

あなたは、そのような精密な言霊の仕組みの中に優しく包み込まれた存在なのです。

結論を言っておきます。古事記の神代の巻は、言霊の原理と運用の法則について標されたものです。

大下伸悦

伊勢神宮にて

もくじ

第一章

「思い」にも「文字」にも「生命（霊）」が宿り、生命場が形成される。

私たちに生命（霊）が宿るように、「思い」にも「文字」にも「生命（霊）」が宿り、生命場が形成される。

宇宙はマクロもミクロも、そして「思いの構造」も、すべては相似象している。

しかし、もとは一つである。

すべて原因であるところの「一つ」から発している。

1 流体（流線形）意識の生命場 例「ありがとうございます」

「ありがとうございます」という「思い」にも、「ことば」にも生命（霊）が宿っていて「ありがとうの恩恵」をもたらしてくれる。もちろん、「文字」にも生命（言の霊）が宿り、その「生命体としての文字の恩恵」に与《あずか》ることができる。特に手磨りの墨での墨書の生命のはたらきは絶大で、末代までの恩恵（バイブレーション＝神）を持続させる。

例えば、「ありがとうございます」は「流線形の十個の音」の並びではあるが、その一つひとつが「ことたま」という霊（生命）であり、また、十（10）の言霊（細胞の軸組）に「生命エネルギー」が宿り、「生命場が形成」されている。

この十個の「ことたま」の配列を分解して、例えば「あとがうりまざすいご」とバラバラにすることは可能である。しかし分解してしまえば、もうそこには流体での営み（物語）が潰えて生命エネルギーは消失してしまうのである。

これからの展開には非常に大事なことなので、もう一度念押しをしておく。

この一個の流体意識「ありがとうございます」の生命場（言霊）には、十の「ことたま」の生命エネルギーとともに、流体（龍体）としての一個の生命エネルギーが常在している。

私たちの身体に生命エネルギーが宿っているのと同じように、流体のことたま配列にも生命エネルギーが常在しているのである。そしてそれが「言霊」という生命である。存在のすべては相似象していていてそれぞれ独自固有の軸組を持っている。

例えば、人間の身体は数十兆の生命体（細胞）の複合体であって、また、一つの生命体でもある。顔の頬骨は胴の肋骨と相似していて、あごは骨盤と相似している。当然、内臓との位置関係もまた相似している。言葉も思いも文字も相似象している。

ところで私たちは「能力」と「はたらき」とは別ものであるということを知っている。どんなに稀少な能力があっても、そのはたらきを発揮させることがなければ、どんな成果ももたらすことができない。

この、「能力とはたらき」とは「陽と陰」の関係にある。陽が能力で、はたらきが陰なのである。が、同様に「ありがとうございます」は「能力（陽）」で、それを言葉にし、あるいは書いて伝達することが「はたらき（陰）」なのである。

私たちは、その「ありがとうございます」という「能力」の「はたらかせ方」次第で「生命エネルギーへの波及効《はきゅうこう》が変わってくる」ということを日常において経験はしているが、その割には荒っぽい運営をしている。

が、この「ありがとうございます」という生命場（言霊という）に、最も良質な蘇生度の高い生命エネルギーの意を乗せるのは、例えば「感動や感激、感涙」である。そのとき鮮明な「蘇生エネルギー」が、そっくりそのまま、自他（自分と他者）に波及して関係を創造していくのである。この、「意を乗せること」を「いのり」という。

また「感動や感激、感涙、夢」こそがワンネス宇宙が吸引しているごちそう（御饌）である、と考えられる。私たちの人生は夢を達成することよりも、むしろ次から次へと夢を持ち続けることにこそ意味があるといえるのかも知れない。

夢からあふれでるバイブレーションがワンネス宇宙のごちそうである可能性がある。すなわち宇宙進展の原動力は私たちの意識である可能性がある。


ところで、仮に面従腹背の思いの場から発せられる「ありがとうございます」であっても、そもそも、ありがとうという「感謝系の能力＝生命場」を行使するのであるから、一定の波及効が認められることはいうまでもない。

時計をバラバラの部品に戻したときと、組み立てて時計としての生命場を持たせたときでは、重量に違いが生じるということをある物理学者がおっしゃっていた。

言霊の場合も同じように、「ありがとうございます」という流体意識の生命場を、バラバラの「ことたま」に戻してしまえば、独自固有の生命場が消え、重さそのものが変わってしまうはずなのである。

「ありがとうございます」の他にも、「ごめんなさい、ゆるしてください、おめでとうございます、感謝しています。謙虚」といった珠玉の流体生命（言霊）があるが、それについては、別の章で取りあげたい。

2　五つの精神宇宙　線の生命場から、面の生命場へ

私たちの精神次元は五つある。それは、「感性」の次元・「知性」の次元・「徳性（理性）」の次元・「生活欲求」の次元・「創意」の次元である。

私たちの日常の活動は、この五つの精神宇宙とともにある。これを便宜的に「面の生命場」としておく。五十のことたまによる面の精神宇宙、ともいえる。

これから展開する「言霊の原理と法則」は、それをもって御世を統べる統皇《すめらみこと》以外は知ってはならないとされている内容である。わずかに立太子式によって皇太子が少

しずつ身に付けさせられていくもののようだ。

すなわち、「皇族といえども誰ひとり知ること適わず」、天皇以外は知ってはならない、という言霊による統治の奥義なのだから、私たちに馴染みがないのは当たり前のことなのだといえる。

そこで私も好奇心を持って探究している。それは、自分自身という正体を知ることに他ならないと思うからである。


古事記神代の巻は、統皇のための言霊の指南書といわれている。人間界を自他同然の営みへと導くための指南書、すなわち「思いと実現の法則」を記しているということなら、人間界のための精神宇宙を表しているといえそうである。

そこで私も「人間界の精神宇宙を探求する旅をしている」というわけである。


すると、宇宙は相似象しているのだから、人間の精神宇宙を探求すればそれで宇宙の構造がわかるはずである。古事記の神話の中の「三貴子（みはしらのうずのみこ）」は、言霊百神の中の九十八番目のアマテラス大御神と、九十九番目のツキヨミの尊（命）と、百番目のスサノオの尊の三神のことである。

が、この三神は【人間界の精神宇宙を司る神】である。もっと厳密にいえば、この三神は「精神」という名の神である。「太陽と月と地球のはたらきと生命体との関係」を表しているのもこの三神である。もう一つ、天空の海と地上の海をも表しているといえる。

古事記神代の巻は、天と地と人とが織りなす潜象の宇宙と、物質の世界との仕組みを表しているのである。すなわち、言霊の原理と運用法則を暗示しているのである。言霊百神とは、「空」からの使徒であり、また、空そのものである。空とはバイブレーションである。

そのバイブレーションを神名で表しているのが「唯一なる空＝宇宙法則」からの使徒（言霊の能力とはたらき）であり、形態をつくるはたらきである。この世界は言霊百神がすべてを差配している。

3 甕（かめ）と「みかがみ」

ここでは、それぞれ五つの精神次元の宇宙を、比喩的に「甕（かめ）」としてイメージしてみてほしい。

「感性の宇宙」の甕の深い空間の表面には膜が張っていて、そこに「五十のことたま」

が装置されている。

横に十列のことたまが並び、縦に五行のことたまが並ぶので「計五十のことたまの面」となる。


前項では「ありがとうございます」や「ごめんなさい」の「流体意識」が生命場を持って関係を創造する創造意識であることを紹介してきた。

ここでは、流体（流線形）の生命場の次に、五十の言霊による「面の生命場＝意識帯」となっていて、それが五つあって、それぞれの精神宇宙の根幹構造をなしている、と捉えていただきたい。

五つの精神宇宙は、五十のことたまの左右前後の位置の関係性によって独自固有の精神次元の骨格をなしている。

「五十のことたまが面の意識帯を構成している」。


さて、ここでの話の展開は、そもそも一般人や皇族が知る必要はない分野の話をしている。

「言霊の原理」は統皇《すめらみこと》のみが、その言霊の原理によって世を統べるために手の込んだ仕組みをもって継承なされてきたものだから、我々に馴染みがないのは当然のことである。統皇（天皇）ではないのだから。

本書で紹介する内容は、言霊の原理をよく理解なさっていたという明治天皇と昭憲皇后からの系譜によっている。明治天皇は古事記神代の巻ともう一つの解読書をもって、言霊の原理を運用なさっていたという。

そして、両陛下に「言霊の原理」の解読と、書の御指導のためにお仕えなさったという山腰弘道先生からの系譜がある。

（明治天皇・昭憲皇后→山腰弘道→山腰明将→小笠原孝次→島田正道）

しかし、それにしても、各時代の天皇の御代には「天皇以外知っているひとがいない」という決めごとは、危うすぎる。継承できないままに身罷られたなら、途絶してしまいかねないということを意味している。実際、何度も断絶しかけたはずである。

明治天皇も昭憲皇后も和歌をこよなく愛されたという。和歌を多く残された統皇は、言霊の原理と法則をよく知って用いていた可能性があるのではないか。

恵那神社にて

4　真善美の精神宇宙のうちの「善」の精神宇宙

利他の次元、徳の次元ともいう。

「ありがとうございます」の流体意識の源流に、「たかまはらなやさ」という流体意識がある。

しかし、「ありがとうございます」は馴染み深いが、「たかまはらなやさ」という流体意識の存在は初耳である、というひとが多いかも知れない。

それも当然のことではある。

理由は先ほど述べた。「言霊の原理」は統皇《すめらみこと》のみが、その言霊の原理によって世を統べるためのものであった。

我々は統皇（天皇）ではない。馴染みがないことが自然なのである。好奇心旺盛な方と情報を共有したいという思いで書き進めているというのが本音である。

「たかまはらなやさ」の流体意識は私たちに持たされた五つの精神次元のうちの一つで、その天上を流れている流体のバイブレーションである。

ここでは、一例として「善＝徳性（理性）＝自他同然の精神宇宙」を示している。

「たかまはらなやさ」の流体意識は、「ありがとうございます」という流体意識の源流にある仕組みである。そこで、この流体意識を「○○ゾーン」という言い方で紹介することにする。

徳性の精神宇宙は、利他の次元であり、自他同然の精神次元である。この精神次元の仕組みを司るのが、神名アマテラス大御神なのである。

この善（徳性）の精神宇宙の八つの父韻（ふいん）の構成は、まだ「音」になる前の「韻」の流体バイブレーションだが、「T・K・M・H・R・N・Y・S」の配列となる。そして、その韻のすべてに母音「A・I・E・O・U」がつくと…。

五行の天辺界《てっぺん》の母音「あ」に父韻がついて「たかまはらなやさ」という流体意識の物語が綴られていく。母音に父韻がくっついて初めて「ことたま」となる（韻が音になる）。

アマテラス大御神よ、肉体を持って到達できる至高の精神次元は、天辺界が「たかまはらなやさ」の宇宙である。「その到達域の精神宇宙を治めよ」という物語が込められている。「なやさ」とは「弥栄が成る」という意味である。

「たかまがはら」はシュメールやヒマラヤにあったなどという俗っぽい話も面白いが、ここでは「精神構造を成す言霊の軸組の話」をしているということを御承知おき願いたい。

この国の自然条件は実に恵まれている。憧れてやってきた人たちがいた形跡はあるにはあるが、このように恵まれた国だからこそなのだといえる。

もともと住んでいる人たちがいるし、その子孫であることをこそ誇りとしていただきたい。

さて、本題に戻す。次の二行目に、創造意識ゾーンの母音「い」に父韻がついて「ちきみひりにyiし」の創造八神が連なる。この八神のうち、濁音がつけられる音が「陽のことたま」である。清音の四音が「陰のことたま」である。四つの男性性（陽）の創造神と、四つの女性性（陰）の神で、やがては四組のカップルになっていく。

真ん中（三行目）の徳性（理性ゾーン）の母音「え」に父韻がついて流体意識「てけめへれねyeせ」が並ぶ。

四行目の知性ゾーンの母音「お」に父韻がついて流体意識「とこもほろのよそ」の各神が居並ぶことになる。

五行目の生活欲求ゾーンの母音「う」は、流体意識「つくむふるぬゆす」となる。天のウズメの命は、このアマテラスの利他の精神構造の「動詞（行動ゾーン）」を担う。動き踊るはたらきに充てられた神名である。

母音「う」に始まり、九番目の「す」へと繋がる。「うす」のはたらきを担うのである。「うす」はやがて「うず（渦）」をなして抽象を具象化していくはたらきをなす。

「陽が思いで陰が行動、陽が男性性、陰が女性性」と言った。天のウズメの役割は、女性性の行動を担う「はたらき＝神」である。

具体的にいえば、「打つ・突く・汲む・蒸す・振る・抜く・揺する・掬《すく》う」といったような「行動・実践」を担う渦《うず》の女《め》（目）の命（流体意識）なのである。

全てが動詞の連なりであることがおわかりだろう。ウズメは動きなのである。踊り躍って「ことたま」をいったん裸にしたうえで、「言霊」へと仕上げていく。そして抽象をつくり、その抽象を具象させていくのである。

裸になるということは、「言霊を一個一個のことたまに戻す」、そのうえで「組み直す」という意味と取っていい。

九つのことたまが「うつくむふるぬゆす」の順に並び「動詞＝行動」のウズをなす。

その流体意識が「九つの渦の流（龍）」、すなわち、力強いクズリュウ（九頭龍）となり、化身していくことになる。

古事記神話が、実に精密な「言霊のしくみ」の実用書であることの一端が垣間見えてくるのである。

「天のウズメの命」とは、「天のしくみであるところの行動の法則で女《め》（陰陽のうちの陰の女性性）の言の流体意識、すなわち「言霊」という生命が宿っているということを表している。

「言」に尊称をつけて「御言《みこと》＝命」としているのだといえる。

この生活欲求帯は「我欲をコントロールする」。

「もっともっと、とか、今だけよければ、自分だけよければ」という方向に走りがちななかで、利他に生き、自他同然に生きる生き方を実現させていく行動の神である。

（神名と言霊との関係は全て解明済みだが先を急ぐ）

あなたはこのような精密な精神宇宙の中で生かされている。

言い直そう。あなたはこのような精密な宇宙構造そのものなのであるが、いつまで遊魂《ゆうこん》を繰り返すおつもりなのか。

（遊魂とはマインドコントロールされて、魂が無駄に遊び歩き、ある存在たちに、せせら笑われている状態）

整理しておこう。この、母音「あいえおう」の五行の重なりが「アマテラスの精神次元の母体となって五十の言霊構造をなしている」のである。

また、仏教でいう「五重の塔」にも通じていて、五重《いへ》を「いえ＝家」とも読む。

スサノオの尊の神名を持つ精神次元や、ツキヨミの尊の神名を持つ精神次元についても後に解説することとし、先を急ぎたい。

5　すめらぎと立太子式と「五十《いそ》」の言霊

皇太子は立太子式において、皇《すめらぎ》から甕（かめ＝壺）を渡される。

甕は「みか」とも読む。甕の口は油紙のような紙が張られ、麻ひものような紐で綴じられている。次に、壺切の太刀が手渡される。

皇子はその壺切の太刀で、甕の封を十文字に切り裂き、なかから埴土（はにつち＝聖なる土）を焼いた「素焼きの、ことたまが刻印された土の札」を順に取りだしていく。

五十のことたまが文字化されて顕れる。皇位継承権者である皇子への「ことたまの原理と法則継承」の一端である。

五十の土を「いかつち」という。いわゆる「雷（いかづち）」である。また、五十を「いそ」と読む。「ことたま・五十《いそ》の神」という。

甕（かめ）は「みか」とも読む。「みか」のなかの五十の神（ことたま）を「みか神」という。「みかがみ」とは「御鏡」のことである。

すなわち「甕神（みかがみ）」とは御鏡のことなのである。甕の中の闇の空間を宇宙に見立てていたのだといえる。

古代のギリシャなどでは、甕に油を満たし、表面を鏡として神に吉兆を問うた。

神器、八咫《やた》の鏡の後ろの正面には、ことたま五十神が配されている。明治天皇は関東入りするに当たり、真っ先に伊勢神宮入りをなさっておられる。

雷（いかづち）は五十の言霊の創造のはたらきを指す名称でもある。「五十土」を「いかつち」と読む。雷（いかづち）は稲妻を伴う。神社の注連縄《しめなわ》には稲妻をかたどった紙垂《しで》が挿《はさ》まれる。

紙垂には陽の創造神四神と、陰の創造神四神が霊示されている。すなわち紙垂にも生命エネルギーが宿り、創造八神のはたらきをなすという役割が持たされている。紙に神を表徴させてもいる。ゆらゆらとした「かみ」の揺らぎが、神のはたらきだということなのであろう。

この創造八神に創造の親神二神の十神は、日本人の本来の特性「永遠の微笑み」をもって宇宙を表している。

6　皇位継承は文字と言霊の原理の継承
言霊の原理の象徴が三種の神器

太古から大王の王位継承準備のための「立太子式」において、王子は壺切の太刀の儀式を経て、甕（かめ＝みか）から五十の「ことたま」を取りだす。立太子式とは、王子たちの中から予め次の後継権者を公式にお披露目する儀式である。

その前段として、聖なる埴土に文字を刻んで焼き固める役割を担うものがいる。

すなわち、焦熱圧によって粘土板の文字に「生命エネルギー」を呼び込む手順をきっちりと踏んでいる。

皇子は、「生命体としての文字」を、自らの行動（封を切り、手を差し入れてことたまを手に取る）によって継承するという「陰陽合一の手順」をしっかりと作法しているのである。

皇位の継承とは「文字の継承」、あるいは「聖なる文字の継承」を意味している。この、文字の継承による皇位の継承準備が古代から行われている。まさにこの国の仕組みは、実に精密にことたまと文字の原理を知りつくして「まつりごと」に生かされている。

現代だろうと古代だろうと、人々を統率するためには、数字と文字が不可欠なのである。遠く離れたところの人物や物流量の把握は文字なくしてなし得ない。なければ統治はできない。なければ「必要が、直ちに必要を用立てる」、そういうものなのだととらえるのが自然なのである。

「この品は誰から届いたものか？」「どこからか？」「何のためか？」「品目は？」「数量は？」「いつ届いたのか？」…こういうことが把握できずして為政などできるものではない。それはいつの時代であってもだ。

「古代は文字がなかった」ということ自体が噴飯もののいい掛かりなのである。なお、埴土という聖なる土は、現在においては住吉大社から産するのみであるという。神武の頃は天の香具山からであったようだ。

伊勢神宮の神域には古代からの「いのり」の奉納文が、日本の伝統文字によって奉納され、掛軸大の大きさのものが巻き取られて残されている。九十九葉ある。最も古いものは千四百五十年前の物部御輿（大連）のものである。焚書される寸前でかろうじて残された宝物なのであるが、伊勢神宮にはこのような奇跡がたくさん残されている。さすがは伊勢の御神域である。

この宝物に直接触れた日は一晩中眠れなかった。この現実を日本人全員に知ってほしい。

さて、祈りとは何ぞや。

祈りとは「思い」に圧を掛けて生命エネルギーを宿す「行動」である。祈りとは「流体声音」に生命エネルギーを吸引させる「行動」である。祈りとは「流体文字」に生命を宿す「行動」なのである。

私たちは、神域に足を運ぶという行動を取っている。柏手（かしわで）を打ち、奏上をするという行動を取って、思いに生命エネルギーを吸引させている。そして、思いと行動との関係性は、「思いが陽・行動が陰」なのである。

皇位継承は、文字と言霊の原理の継承であり、言霊の原理の象徴が三種の神器なのだといえる。例えば、剣の法則は、分けると分かるの法則。分析→検討→理解→判断→決断→実行の法則性を示している。

7　言霊百神　陰と陽のピラミッド

ここまでは「ありがとうございます」や「ごめんなさい」のような「流体に宿る生命場」と、「五十ことたまによる面の生命場」の話を展開してきた。

宇宙は、点であり線であり、面であり柱状であり、立体であり永遠でもあるわけだが、ここでは「太柱打ち建てて」と神話にもあるような「心の御柱」と立体（ピラミッド）の話へと移りたい。

私たちはピラミッドというと、みえるピラミッドだけをそこにあるものと認識するのであるが、物質化させた陰のピラミッドには、必ず陽のピラミッドが寄り沿っている。

物質としてみえている「陰のピラミッド」は、「言霊百神の立体の生命場」であるが、みえることのない陽（潜象）のピラミッドもまた、「潜象の言霊百神による立体の生命場」となっている。

「ことたま五十神」と「言霊のはたらき五十神」とで「言霊百神のピラミッド」になる。

その百神のピラミッドは頂上が田の字の形になる、その四つの升目には上に「ふる」、下に「ふる」と、てっぺんから振る（降る）ことたまが入り、「ふるふる」となる。

そのことたまの存在とはたらきは、天理市の石上（いそのかみ＝五十の神）神宮の「ふるべゆらゆらとふるべ」という祝詞にも表されている。背後の山の名も「ふる」である。

（伊勢の神宮との関係は、伊勢が「見えないがある宇宙のしくみ」、いそのかみは「器物に表徴させた宇宙のしくみ」を表す）

例えば、地面からそびえる「陰のピラミッド」には、その下に「陽のピラミッド」

が暗在している。

また、地面からそびえたつ「陰のピラミッド」の上には頂点を同一にして、空に「陽のピラミッド」が潜在している。

あるいは絡み合うように、側面からみれば、六芒星のような重なりをもって陰と陽のピラミッドが陰陽のはたらきをなしている。


またそれは、ピラミッドの中央に暗在する「心の御柱＝創造の御柱」に置き換えて創造エネルギーのはたらきを表現することができる。

そこでは創造の親神二神の「創造の御柱＝心の御柱」が、生命エネルギー（創造エネルギー）を駆動させて、各々の精神宇宙を「はたらかせて」いる。

そのらせん状の駆動の流れを線形に示すと「トーラスのりんご」として表現できる。

8　トーラスのりんご

心の御柱の機能は創造の御柱である。それは「天（創造意識）からの創造のはたらき」である。これを大祓詞《おおはらえのりと》では「天津菅麻《あまつすがそ》」といっている（天津は、天恵のはたらきという意味）。

また「天」とは「ワンネス」であって、「地」は「個々別々の表現宇宙」である。「大いなるたった一つ、大に一で天＝点」には、陰も陽もない。

そのワンネス宇宙の意志が「こちら側（地）」と「あちら側」を表現しはじめる。やがて「陰と陽」が生じる。「陽の創造神」と「陰の創造神」による「天津菅麻（創造の仕組み）」が静から動へと駆動しはじめる。「太柱、打ち立て、陽は左へ、陰は右へ」と回りはじめウズをなしていく。やがて【りんごの如きトーラス】の模様を描いて旋回していく。

神前で打ち鳴らす二柏手（二かしわで）は、左指五と右指五が二回で二十（フト）を打ち鳴らす。

太柱（創造の御柱）の「太」は、二十（フト）のことたまを「数霊」で表徴させている。

フト（太）のことたまは、陽の五母音と陰の五母音に「チ yi キミシリヒニ」の創造ことたま八神＋「子音ことたま群・二」＋「ン・二」で二十ことたまとなす。

（五＋五＋八＋二＋二＝二十）

神前で打ち鳴らす二柏手には、もう一つ大事な意味があるとされる。それが「握手《にぎて》と起手《おきて》（掟）」で、握手《にぎて》は「分析であり検討」である。一つひとつ指折りしながら分析をしていくのが握手《にぎて》である。

起手《おきて》（掟）は、一つひとつ指を起こし、理解↓判断↓決断↓実行をなしていく手順をさす。方針をまとめてルール化し実行していくのが掟である。

握手で十、起手で十、合わせて二十（フト）となる（ふとまにのフト）。

●「陽の創造神」とは、ことたま【イ】の創造親神いざなぎ（男性性）のこと。

●「陰の創造神」とは、ことたま【ヰ＝wi】の創造親神いざなみ（女性性）のこと。

その【りんごの如きトーラス構造】の「創造の軸たる言霊構造（創造の御柱）」が、神宮（伊勢）の「天津菅麻の五行（五母音五行）・あおうえい」である。

その存在は秘匿されるが、てっぺんに「あ」のことたまがきて、以下「あおうえい」の「五母音の精神宇宙」が連なる。その言霊宇宙は「五つの色」で表される。「空《くう》」に「色が兆す」ことを表している。

出雲大社の「菅麻」の構造はわからないが、伊勢の神宮とは異なるというわけではあるまい（出雲と諏訪の「菅麻」構造を知ることは大事だと思っている）。

ちなみに「無」から「空」が兆す。「無」とはないということ。「空」は「超意識だが、ある・あるが見えない」ということ。「色」は見えるということ。「無」は「点」であり「天＝無限」、大いなる一（太一）と言い換えることは可としていいのではないか。

9　ワンネス宇宙に兆す「丸にチョン」それが「ン？」

トーラス構造の宇宙概念図はしばしば「りんご」の絵に擬せられる。

りんごを真上から見れば、「○の真ん中に点（・）」が入った「丸にチョン」のように見えると、書道の大家、山本光輝氏がおっしゃっていたが、確かに言い得て妙である。

「宇宙創成は丸にチョンで表せる」という人がいる。無の意識（宇宙）の中に「ん？」という「兆し」が生じる。そこからすべては始まったというのだが、なるほどうまいことをいう。

私たちの一日の始まりもまた、○にチョンで表すことができる。朝の目覚めは「ん？」という意識の兆しから始まる。

ところで私たちは素粒子なるものを知り、陽子・電子なるものを知るようになった。「陽子が一、電子が一」を水素の原子だという。すると、「丸にチョン」は水素原子の始まりをいうのか?ということになる。

確かに「水素」以降は、陽子と電子の数を増やしていくだけでいい。

また、「丸にチョン」ではなく「三位一体」だ、という人もいる。

電子の回転する内側には「陽子と中性子」が右回転と左回転をしているという。すると、物質宇宙の始まりは、「丸にチョン」の陰陽構造か「三位一体」の「陰・調和・陽」すなわち「－・±・＋」の構造からであるということができる。

ちなみに、日本には古代からの古代文字があり、いまも生きている。神代文字という人もいるがいまも生きて活かされている文字なのである。私たちが知らないからといって否定できるものではない。

その文字にカタカナの「ン」に似た文字がある。その文字はカタカナの「ン」の文字の上側が小さな「○」になっている。すなわち「丸にチョン」となっている。

またもう一つの古代文字は「ん」で、現代のひらがなとほぼ同じ「ん」である。

私にはこのことだけをとっても日本という国はすごい国だと思えてしまう。

なお、伊勢神宮の神域には古代から伊勢神宮に奉納されてきた奉納文が九十九葉残されている。最も古いものは千四百五十年以上前の「物部《もののべ》の御輿《おこし》」の奉納文である。人類の大切な文化遺産であるが、とっくの昔に焚書されていたはずのものである。さすがは伊勢神宮である。神の神域にひっそりと匿《かくま》われてある。

10 大祓詞《おおはらえのりと》に登場する三つの精神宇宙 私たちにもたらされた五つの精神宇宙

私たちの日常は「五つの精神次元の活動」と、「行動（実践）」によって成り立っている。そして、昔から宮中のご神事で年二回奉じられてきた大祓詞《おおはらえのりと》には、そのうちの三つの精神宇宙が表されている。

一つは「願望欲望」の精神宇宙であり、一つは「自他同然」の精神宇宙である。

そしてもう一つが「創造意識と創造のはたらき」をもたらす精神宇宙である。

具体的には、「天津金木《かなき》」と、「天津太祝詞《ふとのりと》」と、「天津菅麻《すがそ》」として奏上される。

「天津《あまつ》」は「天恵の機能」と翻訳すればいいだろうか。ワンネス宇宙からもたらされる仕組みである（天＝ワンネス）。

天津金木《かなき》は、天恵の機能には違いないが「地の理《ことわり》」に基づいて展開される「願望欲望」の精神次元である。肉体を持って旅をする以上、衣食住や生計を立てることは欠かすべからざる活動次元である。

天津太祝詞《ふとのりと》とは「天の理《ことわり》」に基づく「自他同然」の精神次元である。肉体を持つ身ではあるが、ワンネス（天）と隣り合わせの利他の精神次元である。

天津菅麻《すがそ》は「創造意識と創造をはたらかせる」抽象の精神次元である。


もう一度いう。私たちの日常は、「五つの精神次元」と「行動（実践）」によっている。大祓詞にはそのうちの三つが刻まれているのである。

思いは「抽象」してから「具象」する。「思い」とは言霊《ことだま》の【はたらき】である。

言霊とは「ことたまの配列に生命場が生じたもの」である。

「能力」は「はたらき」を伴わなければ結果には至らない。能力とは性能なのであって、能力が結果をなすわけではない。結果をなすのは、実践（行動）なのである。

また、結果の質は、「能力と実践圧（熱意）と運」によって変わる。

結果には、「プロセス成果」と「結果成果」がある（結果＝具象）。プロセス成果も、結果成果も、「一歩踏み出す行動」があって初めて「具象へと向かう」のである。

結果に「失敗という思い」をかぶせれば「失敗が実現」し、「成功という思い」をかぶせれば「成功したという結果が実現」する。

また、「結果」に「まだまだ途中、という思い」をかぶせれば、「結果へのプロセス」に変わる。

11「思い」とは「言霊のはたらき」のことである

「思い」とは言霊の【はたらき】である。言霊とは「ことたまの配列に生命場が生じたもの」である。言霊とは神の吐く息である。まず点のことたまに、線の言霊を生じさせるのが言の葉であり、文章である。

「ありがとうございます」は十のことたまの配列ではあるが、すでに御言霊《みことたま》という生命場を持っている。御言《みこと》（命《みこと》）の霊が宿っているのである。

例えば、「あ」は「たかみむすひのみこと」のことたまが宿っているのだが、「ありがとうございます」は、ことたま十神が並び立ってはいるものの、この十神の並びそのものが一つの生命場となっている。

そして私たちは「五つの精神宇宙」とともに今生《こんじょう》を旅している。

この「五つの精神宇宙」の基本構造は、それぞれに独自固有のことたまの配列によっている。五つの精神宇宙には、それぞれ「ことたま五十神」の立ち位置に違いがあるが、五十神全体で一つの生命場を持った精神宇宙の運用場が存在していると理解してくれればよい。

このそれぞれの精神宇宙が、私たちの日常の精神活動を司っているのである。しかし、この五つの精神宇宙に「はたらき」が生じるのは、私たちが「思考をなし、行動（実践）を起こしたとき」である。

思いを巡らせれば「抽象化」が生じ、行動を起こせば「具象化」が生じる。これが「地の理《ことわり》」なのである。

そして、思いは「男性性のはたらき」、行動（実践）は、ひとえに「女性性のはたらき、具象化のはたらき」で、思いと行動は一体のものなのである。

12　神宮（伊勢）には五つの精神宇宙のうち四つの精神宇宙を司る四神のはたらきが示されている

古事記には、前記の大祓詞に表された三つの精神宇宙を包含した五つの精神宇宙が示されているが、まず読み取ることはできないだろう。

人間の精神活動は五つの精神宇宙によっている。天皇のみに許されたことたま運用の秘匿書であったという古事記神代の巻には、「三柱《みはしら》のウズのみこ」として最後に三神（九十八番、九十九番、百番）が登場する。その三神が、アマテラス神・ツキヨミ神・スサノオ神である。

この三神には「人間の五つの精神次元のうち天津菅麻を除く、四つの精神次元を司る役割」が持たされている。すると、「残る二つの精神宇宙」は、どこに潜象させられているのだろうか。

それはことたま百神を表す古事記の「九十八番目の精神宇宙」と、「九十九番目の二つの精神宇宙」と「百番目の精神宇宙」との関係性の中に潜象させられてある。

伊勢の神域で、もっと具体的にそれを探求してみよう。

実は、九十九番目のことたまのはたらきは、「月を読む精神宇宙」と、「月夜を見る精神宇宙」というロマンチックな表現に表徴させられてある。

神宮（伊勢）の神域にあって、内宮の別宮「月読宮」と、外宮の別宮「月夜見宮」に、五つの精神宇宙のうちの二つが精密に配されているのである。

「月夜を愛でる、に表徴される精神宇宙」は、「真・善・美」の宇宙のうちの「美」の精神宇宙である。色彩の宇宙であって「芸術・音楽・工芸」の精神宇宙を司る。音楽、絵画、文学、演劇、工芸、書道、茶道華道などなどである。

「月を読む、に表徴される精神宇宙」は、「真・善・美」の宇宙のうちの「真」の理《ことわり》に至る精神宇宙である。「哲学」の精神宇宙を司る。

「物の理《ことわり》（物理）」から「真の理《ことわり》（真理）」へと道を究めるプロセスを踏む。「月読み」は、「陽・男性性」の性質を持ち、「月夜見」は、「陰・女性性」の性質を持つ。月読みは思いの世界にあり、月夜見は行動と具象を伴なう。「月読宮」は、「タカラまたは宝《たから》」の精神宇宙を司っている。また、「月夜見宮」は、「アカタマまたは朱珠《あかたま》」の精神宇宙を司っている。

神宮（伊勢）のご正宮の御鏡（八咫の鏡）は、「真・善・美」の宇宙のうちの「善」の精神宇宙を司る。古事記では九十八番目に登場することたま（神）である。

すなわち、肉体を持っての「最高到達域である自他同然の精神域、利他共生の精神域」を司っている。五行の五母音構造は「あい・え・おう」となる。

自他同然とは、肉体による隔てがある限り、自と他の別はあるのだが、その「自他も同然」の関係性を保つところが今生における到達域なのである。

やがて肉体を手放すとき、既に自他同然の域にある方々はまったく素直にワンネス宇宙へと還っていく。ワンネス宇宙に還っても、自他の隔たり「権威権力の残滓、恨み辛みの残滓を持ちかえる【ひとり芝居】の変わりだね」もいるというが、肉体がないのだから当然、影響は皆無である。

この御鏡（八咫の鏡）の真下に「心の御柱」が実在する。この御柱の言霊構造が「天津菅麻《すがそ》」である。「心の御柱」は、「忌み柱（聖なる神秘の秘匿の御柱）」ともいわれる、いわゆる「創造の御柱」である。

この御柱に組まれたことたまのはたらき（構造）を、天津菅麻《すがそ》という。この創造の御柱の、創造を司る一対の親音ことたまは、古事記では「十六番と十七番」で、先天のことたま十七神のトリを務める「創造の親音ことたま二神」である。

この「忌み柱」のはたらきはひた隠しに隠され、そして、二神は表徴的に内宮の別宮「月読宮」と同じ神域に鎮座坐《ま》しましてある。そのことたまの神名を創造の親神「いざなぎのミコト」、「いざなみのミコト」という。

この創造の御柱（心の御柱）は、出雲の杵築大社（出雲大社のこと）にもあるのだから、やはりこの国の仕組みは尋常なことではない。

神宮（伊勢）の「天津菅麻《あまつすがそ》」の五行の配列は「あおう・えい」で、五色をもってことたまが組まれる。

また、心の御柱一尺（三十《チセン》）に一つの母音宇宙が配されて五層の「五重（いへ＝家）」となる。「いえ＝家」とは、「五母音宇宙の住処（すみか）」という意味である。

しかし、出雲の「五行のことたま配列」はわからない。研究者が少ないということもあるだろうが、まったく同じ配列で組まれているのか、正反の調和なのかはいまのところわからない。しかし「菅麻《すがそ》」が組まれていることだけは間違いない。

さて、人間が持つ「五つの精神宇宙」の最後が「天津金木《あまつかなき》」である。私たちは「肉体を持つ身」として、今生を生き抜いていくためには「衣食住・生産」など「物質的な必要＝生理的欲求」を満たさなければならない。

これを具体的に満たすのは「陽＝男性性」ではなく「陰＝女性性」の役割なのである。

すると「天津金木」は、神宮（伊勢）でいえば「外宮」なのかと思われがちだが、鳥居の型を見ればわかるとおり、鳥居上部に左右を隔てる仕切りがない。「天津金木」は、「悠紀の【ユ】」と「主基の【ス】」が二竦《にすく》みになっているのが特徴であるが、外宮の五十ことたまの布陣には二神が隣同士に組まれている。

したがって、外宮のことたま構造は「天津金木」ではなく、利他のことたま構造の中での実践・具象を成す「陰＝女性性」のはたらきだということがわかる。

内宮が「陽」、外宮は「陰」の関係にある。すなわち、内宮は男性性、外宮は女性性の役割を持っている。故に、外宮は「衣食住・生産」など「物質的な必要＝生理的欲求」を満たす機能を持っている。が、しかし「天津金木」ではない。

外宮は内宮同様「自他同然の次元」にある。したがって「天津金木」はスサノオの荒魂と表現したらいいのだろうか。

しかし、「天津金木」は荒魂である必要必然性があった。必要があってこそその荒魂なのである。

更にいえば、内宮と外宮は「涅槃《ねはん》の8《エイト》＝メビウスの輪」の関係にある。すなわち「内宮は外宮で、外宮は内宮でもある」という不可分の関係にある。

「天津金木」は、古事記の神代の巻に示されるところの百番目のことたまの神「スサノオ」の「肉体を持って地に生きるものの基本的精神構造」のことである。

また、古事記に明示される「三柱《みはしら》のウズのみこ＝アマテラス・ツクヨミ・スサノオ」の末弟「スサノオ」のことたま構造のことである。

五行の流体の母音構造は、「あいうえお」の順にことたまが並ぶ。

外宮の母音構造については後に触れる。


スサノオ神が好きとか嫌いとか、外宮を軽んじるとか、そういうことではない。「肉体を持つ身」として、今生を生き抜いていくためには「衣食住・生産」など「物質的な必要＝生理的欲求」を満たさなければならないということはいうまでもないことなのであって、極めて重要な存在なのである。

認識を改めていただきたい。

13 「ワンネス」の原因宇宙は「あまねく天の中の主・天の御中主」

宇宙は「ワンネス」である。もっといえば、原因宇宙には「二」も「三」もないのだから「一」もない。それを「あまねく天の中の主」＝「天の御中主」である、としているのである。

時間空間のない「てん」は、ただただ「点」なのであり、あまねく拡がる永遠《とわ》という名の天でもある。どこもかしこも、あまねく「主＝天の御中主」だと表現しているのだといえる。

大いなる意識があまねくすべてを覆っている。大いなる意識はどこから来たのか。それは、あまねく張り巡らされた超意識が五つの精神の次元宇宙で展開される精神活動と行動からもたらされる「感動」によって拡大をなしている。

蘇生と崩壊の渦によって練り込みながら宇宙は創生されていく。無意識から陰陽が生じ、陰陽合一の法則によって抽象と具象がなされる。

宇宙の法則は極めてシンプルなのだが、そもそもの因は、あなたがたの精神活動にあり、大元の原因宇宙の「ワンネスの目」が宇宙意志となる。

14　陽と陰で一体【ア】と【ワ】にアワす

私たちには、「陰と陽」は別々のものだという思い込みがあるが、それは間違いである。「陰と陽」は、「プロセス」において必要な「運動」をなすための「はたらき」であり、運動の末に得られた結果成果は「調和の位置」に還っていくのである。その間違った思いの呪縛から解き放たれれば上手な生き方が見えてくる。

陰陽は「分ける（陽）と、分かる（陰）」で一体であり、右手（陰）と左手（陽）で胸の位置を中心に一体なのである。この地球上でいえば、「陽が昼」であり「陰が夜」なのではあるが、昼夜で一体の地球なのである。

男女が陰陽別々なのではなく、男女で一つ（一体）が宇宙の法則なのだということを踏み外さないようにしておかれたい。

原因宇宙は一つ。たった一つ無の宇宙、その天（御中主）が「はたらき」をもたらすために「陰と陽」を生じせしめた。陰と陽はプロセス上「かたちを得るためのはたらき」なのである。それが「陽のことたま【ア】と陰のことたま【ワ】」である。

「陽は抽象をなし、陰は具象をなす」、陽が「思い」、陰が「行動（実践）」である。すなわち、物質的な現象（物質化）は、「陽（男性性）の思いと、陰（女性性）のはたらき」で一体なのである。

例えば四八％が女性性で五二％が男性性なら「男性」として生きていくことになるが、それでも宇宙の法則は男女で一体（四八％＋五二％）なのである。

「陽が男性性、陰が女性性」のメビウスの輪は、陽が陰で、陰が陽でもあって、要するに一体なのである。

そういう「宇宙の摂理」が精密に組まれた聖域、それが神宮（伊勢）や出雲に代表される日本全域の聖域ネットワークなのである。

ちなみに、ことたま【ア】を表す神名が「タカミムスビ神」であり、ことたま【ワ】を表す神名が「カミムスビ神」である。

植物は、日中（陽）は成長しない。植物は夜（陰）に成長するのだが、それもまた、昼夜一体の自然の摂理なのである。

昼はエネルギーを吸引し、夜はそれを消費することで生体活動を持続する。要するに、人の成長も植物の成長も「陰のはたらき」によっている。

もちろん昼夜不可分なのだが、昼、あるいは夜という部分を見ればそのように言うことができる。そして昼も夜も流転する。昼は夜となり、夜は昼となる。

秩序の形成と秩序の維持は、昼夜一体の自然の摂理によっている。

しかし、どうやら神宮（伊勢）においては「内宮は生命を、外宮は生体を司る」といって差し支えなさそうである。あるいは「内宮は心を、外宮は肉体を司る」ということもいえる。

【アとワ】の母音世界は、それだけで「感情を司る精神宇宙」となっている。五つの精神宇宙の原因は五つの母音宇宙にある。このことは極めて重要なことだが、後に再び触れることにする。

15　天の平甍《ひらか》と埴土《はにつち》

神宮（伊勢）のご正殿の「心の御柱（創造の御柱）」を囲んで八百の「天の平甍《ひらか》」が配される。


この心の御柱（創造の御柱）を囲んで八百の「天の平甍《ひらか》」が配される。

天の平甍《ひらか》とは、聖なる「埴土《はにつち》」によって具象された直径八寸の素焼きの皿（神の受け皿、あるいは、神）である。この聖なる平甍が八百枚配されるというのである。

この国のご神事はやはり「尋常なことではない」。どうやら、このようなご神事が少なくとも神武の頃から続いている。

「天の平甍《ひらか》」をつくる聖なる土「埴土《はにつち》」は、今は住吉大社のご神域以外からは用いられることはないという。

神武天皇の畿内への進出時においては、相手陣営「ニギハヤヒ」の国の「天の香具山」の山頂の土を埴土とした。

神武は二人の「手の者」に運ばせた埴土で念願の「天の平甍」をつくっている。そして、そのご神事が畿内進出の念願を果たす拠りどころとなったと、確か古事記に記されていた。

太安麻呂の墓　1979 年 1 月　突如発見された。

16　利他（徳）の精神宇宙がアマテラスの精神次元

心の御柱（創造の御柱）の真上には、「八咫《やた》の鏡」がある。「八咫《やた》の鏡」は、高床の床板の中央に坐《ま》してある。天津菅麻の「心の御柱」はその真下に直立して在るのである。

「八咫《やた》の鏡」には「利他の精神次元宇宙（自他同然の域）」を具象させていく「ことたま五十神の配列」が刻まれている。

（明治天皇↓山腰弘道↓山腰明将↓小笠原孝次↓島田正道各氏と続く研究の系譜の中で明らかにされている）

「八咫《やた》の鏡」の「後ろの正面」の側が利他の精神宇宙の駆動基盤となっている。また、この精神宇宙の次元は「え」の母音宇宙の次元である（え次元宇宙）。

心の御柱（創造の御柱）の周囲を囲む八百万の言霊群（天の平甍）は、天津菅麻（創造システム）のサポート体制、バックアップ体制を敷いているという構図が浮かび上がってくるのである。

（八百万の言霊群（神々ともいう）の受け皿が天の平甍である）

天津菅麻《すがそ》（心の御柱＝創造の御柱）も天の平甍群《ひらか》（八百万の言霊群）も、「利他の精神次元宇宙＝自他同然の域」の駆動システムを「見えない側、見ることができない側」からはたらかせている。

その「利他の精神の駆動システム」はご正殿の中央にあり、ご正殿の扉を開ければ「見ること」ができる。いわゆる「八咫《やた》の鏡」である。

「天津菅麻」と「天の平甍」は、この「八咫の鏡＝八あたの鏡」の真下にあって駆動し続けている。

しかし、高床の下の「天津菅麻」という「創造エネルギー（生命エネルギー）の集積システム」と、「天の平甍」という八百万の言霊たちによるサポートシステムは、本来、見聞きしてはならない。知ってはならないし、見ようと思っても見られるようにはできていない。

17　神とはなんぞや

ご正殿の高床の中央に坐《ま》します「八咫の鏡」は人間界、すなわち肉体を持って到達できる最高到達域の「利他の精神次元」を司る駆動システムである。が、「天津菅麻《すがそ》」

と「天の平甍」は、あちら側（ワンネス宇宙側・肉体がない側）からのはたらきと捉えてみればわかりやすい。

神々とはなんぞや。

それは「無の宇宙（ワンネス）」から物理宇宙へ遣わされた使徒である。各々一つずつの「ことたまの能力」と「はたらき」なのである。「ことたまの能力」が五十、「はたらき」が五十、合わせてことたま百神となる。

いわゆるよくいわれるところの「宗教」とはまったく次元を異にする仕組みなのであって、日本という聖域であらわされる神とは「ことたまの機能、能力、はたらき」のことである。

また、「八百万の言霊のはたらき」を「八百万の神」としているのである。

宇宙の真理は、自ら「気づく」ものである。「言挙げ」とは無縁の世界がある。それがこの国の真実なのだといえる。ゆえに本来、経典めいたものも必要としない。

ブッダやキリストといった「元はといえば人間」だった方々を信仰の対象とする宗教は、「教えを説く存在」と「教えを受ける存在」が前提にある。

教えを説くことで食いぶちが得られるという構造になっている。そこで「経典」のようなものが必要とされるという一面があるのだといえる。

「宗教」なる語彙は、明治になって森鴎外の叔父、西周《にしあまね》がドイツの書籍の翻訳上で用いた便宜的な造語だといわれる。大東亜戦争後の日本に宗教法人が多く生まれたのも、日本の「たった一つの宇宙の仕組みの駆動システム」を同一視させ混乱させる事態になっている。

似て非なるものに修験道がある。「茶道、華道、武道」というように「〇〇道」とは「真理への道」なのであるが、これらは「思い」ではなく「行動（女性性）」が前提にあって、実践圧の中で自らが気づき、「型から入り、一つなるものに同化していく道」である。

それにしても、ブッダやキリストの名を冠する宗教ですら、宇宙の真理を説いた教えとして、八百万の神々の一つに列しようとするこの国の「言霊構造」には驚かされるばかりである。

肉体を手放せば、みな「ことたま」に戻るという真実を敬い「御」をつけて「御ことたま＝御コト＝命」というのである。実にみごとな世界に生かされている幸運に感謝したい。

そして、ことたまの配列は、点を線でつないで精神宇宙創世の「五行《ごぎょう》」となし、

「九頭《くず》の名綱《なづな》の流れ」となす。「十束《とつか》の連《つる》ぎ」となし、五十のことたまを「選《せ》り」、ことたまの「田＝鈴代《すずしろ》」に、「鈴名《すずな》」ということたまを「運《はこ》べ羅《ら》」して「面」をなすのである。更にそれらのことごとくが「宇宙構造の駆動システム」なのだといえる。

このような精密な表現宇宙は、とてもとても人間がなしうるものではないとはいえそうだが、紛れもなくあなたの遠い遠い祖先たちが紡いできた宇宙表現なのである。もっとおおらかにいえば、あなた自身の宇宙表現なのである。

18 ワンネス宇宙の生命場の浮上 ワンネス宇宙意識の覚醒

肉体をもって到達できる「人類の最高到達域」の精神宇宙がある。それが「利他共生、自他同然の域」の精神次元である。「徳性（理性）」の次元である。

この利他の精神宇宙に「アマテラス大御神」という神名をつけたのは、いったいどのような存在なのだろうか。

そして、やがて私たちが肉体を手放したときに到達するのが「空」であり、「ワンネス」の宇宙である。

二〇一三年は伊勢神宮、出雲大社の同時式年遷宮に合わせ熱田神宮の千九百年祭でもあった。そこで、同年十二月二十二日の冬至の日に、人類の到達域の精神次元「アマテラス大御神」の次元宇宙が駆動したことを確信しあったのであった。

ここで話を神話に戻そう。

神話の話とは、すなわちことたまの原理と運用則の話である。

ところでその一ヶ月前、神戸のサラシャンティ会場で山本光輝氏と講演を御一緒させていただいたおり、山本氏から「いろはうた」と、「ひふみ祝詞」の両方に「いうおえあ」の母音配列が存在することが示された。

私は、やっとアマテラス大御神の精神次元宇宙の構造が駆動しだしたということに意識が行っていたので、強烈な衝撃をもってこの五つの母音配列を受け止めたのであった。

この地上界に、よもや「ワンネス宇宙」への道が開かれる可能性を示す「言霊母音宇宙」の存在が浮上してくるとは思いもよらなかった。しかも、いつの時代に成立したかすらわからない「いろはうた」と「ひふみ祝詞」の中にあらかじめ暗示されているのである。

これはただごとではない。いかにも念のいった話ではないか。だれがこのようなことを仕込んでおいたというのだろうか。

言霊の構造の意味に疎い方には「それがどうしたの」といわれそうだが、私にとっては、晴天の霹靂で、ただただ息をのむばかりであった。

十二月二十二日の名古屋の会場でも山本光輝氏と御一緒したのだった。

この人間界（地上界）に利他共生の次元を超える次元が存在するということは、古事記には示されていない。

したがって、先輩のことたま研究家島田正道氏も、世界的に名の知れた小笠原孝次氏の研究成果にも示されていないものである。

アマテラス大御神の利他の精神宇宙は、自と他の隔てはあれども、自他同然に共に相互依存をしながら調和して生きていく精神次元である。

その精神次元は、人類の到達域にある次元にあるといえども、お人好しで差し上げ上手、協調性の高い日本人には比較的容易に移行しやすい精神次元で、もと来た道を引き返すようなものだとばかり思っていた。

もう一度いう。アマテラス大御神の精神次元は、肉体を持つ身で到達できる「自と他の調和」の次元である。

「調和」は複数であることが前提となる。しかし、その先の次元となると、自も他もない。ワンネスの宇宙である。

肉体を手放したときに到達する「空」の宇宙、「ワンネス」の宇宙があるだろうことについては、私たちはよく認識している。

ワンネスの宇宙には、調和という概念は似合わない。異なる二つ以上の性質のものが和をなしたときにはじめて「調和」という概念が生じる。

したがって「調和」という概念は「天の理」ではなく、「地の理」であることがわかる。


いったんバイブレーションに波紋のゆがみを生じることで新たな関係創造が生まれる。陰と陽とはこの「波紋のゆがみ」を起こす「はたらき」である。

陰陽というと別々のものと思い込みがちだが、例えば右手と左手に一つのボディが「はたらき手」としての機能を持たせているのであって、もともとが一つなのである。

超意識、あるいは無意識はワンネス宇宙にあまねく拡がる空のスープである。織物は縦糸と横糸による「面≒織」である。が、意識は、宇宙丸ごとの「識（織ではない）」なので、「超意識」は空《くう》のスープであるという表現しか見当たらない。

どうあれば、肉体を持つ身で「自他」がない精神宇宙に到達できるというのか。

しかし現実に、彼岸ではなく、こちら側（此岸《しがん》）にも「ワンネス」の精神宇宙があるということが、古代から示され続けてきた事実として、いままさに浮上してきたのである。

よもや肉体が、半物質へと変容していく次元宇宙ということでもあるまいが。

「ひふみ祝詞といろは歌」が顕在化させた「いうおえあ」の母音の御柱（五行を司る生命エネルギー）の流体八韻は、どのような構造帯となるのだろうか。

言霊の原理を記す古事記の読解の先人たちは、確かに大事な流体意識の並びを残している。それは、いまだ、どの精神宇宙にも属していない。

その流体意識の構造は、陰陽一体の四組「ち・yi・きみ・しり・ひに」の構造体となる。すると幻の、ワンネスに近づく五十神の精神宇宙が顕れてくる。

日本という国は、このように古代から何者かによって精密にすべての精神宇宙の言霊構造が用意されている。それに、私たちはもともとこういう展開を知っていたに違いない。

したがって、私たちは思い起こすだけでいいのである。思い起こし、変化を確信するだけで現実が変わりだすのだといえる。

思い起こすということはどういうことだろう。それは、左脳で認識することである。

左脳での認識が現実を変える動力となる（右脳で感じ、左脳で認識する）。

19　鳥居は、「私たちの五つの精神宇宙」を潜象させている

鳥居からもたらされる極めてありがたい恩恵がある。しかし、この神威を自覚して神域に入る人（陰の行動をとる人）は少ないのではないか。

鳥居は五つの精神宇宙のうちのいずれかの精神宇宙構造となっている。すなわち、鳥居には五十のことたま（五十神）が潜象している。どの鳥居であっても例外なく「五つの精神次元」のいずれかの次元が「五十のことたま（神）」の位置関係によって形成されている、といったらびっくりなさるのだろうか。

鳥居は、陽の御柱と、陰の御柱が建てられているが、それは陽の太柱（五母音）の意識と、陰の太柱の意識の構えとなっている。

横軸には天辺《てっぺん》から順に八つのことたまで編まれた流体意識が、五層の重なり（五重）となっている。左に陰の五重、右に陽の五重、八つの流体意識が五層なので、ことたま五十神による「精神宇宙」が潜象される（五＋五＋五×八＝五十）。

古事記神話（ことたまの書）でいえば、「アマテラス神が司る利他の精神宇宙」は、地面側の層に「地の理《ことわり》の界」、すなわち「天のウズメのみこと」のバイブレーションが横軸を流れている。

ことたまは「つくむふるぬゆす」の流体となる。天辺《てっぺん》（天上）の界を「たかまはらなやさ」の流体意識が流れている。中央（上から三番目）には「天地人」の「人（真善美の善・利他）」のバイブレーションが横軸を通っている。この中央の上下の界を「創造の仕組み」と、「真善美の真」が横軸に流れている。

アマテラス大御神が司る精神宇宙（善）は、天上の界が「たかまはら成弥栄《なやさ》」（弥栄が成る）の精神の構造になっている。親神イザナギ神は、「アマテラスよ、その精神宇宙を司りなさい」と、勾玉を御首にかけてくださった。このまがたまを「みくびたま」という。

御首玉は「ふるべゆらゆらとふるべ」と揺れていた。また、「みくびたま」は神のはたらきをなす流体意識なので「ミクラタナの神」ともいう。

弥栄《いやさか》が成る「たかまはら」は、真善美の「美」の界ではあるが、アマテラス神の感情宇宙でもある。それで「みくびたま」には「みすまる」という美称がある。

伊勢の神宮の鳥居は、真善美の「善（利他）の精神」を構造している。すなわち、アマテラス神の精神宇宙である。

出雲の杵築大社（出雲大社の正式名）の鳥居は、今生を生きていくうえで死活問題となる「生活欲求の精神」を構造している。すなわち、スサノオ神が司る精神宇宙である。全国の神社は概ねどちらかの精神宇宙を構造している。

私たちが鳥居に入《い》るということは、その精神宇宙に「陰のうごき」すなわち「行動」というはたらきをなしたことを意味している。極めて神聖、重要な行いなのである。神とは仕組みのこと。鳥居の精神宇宙に進み入るということは、主役としての自分の行いこそが重要だということを認識していただきたい。

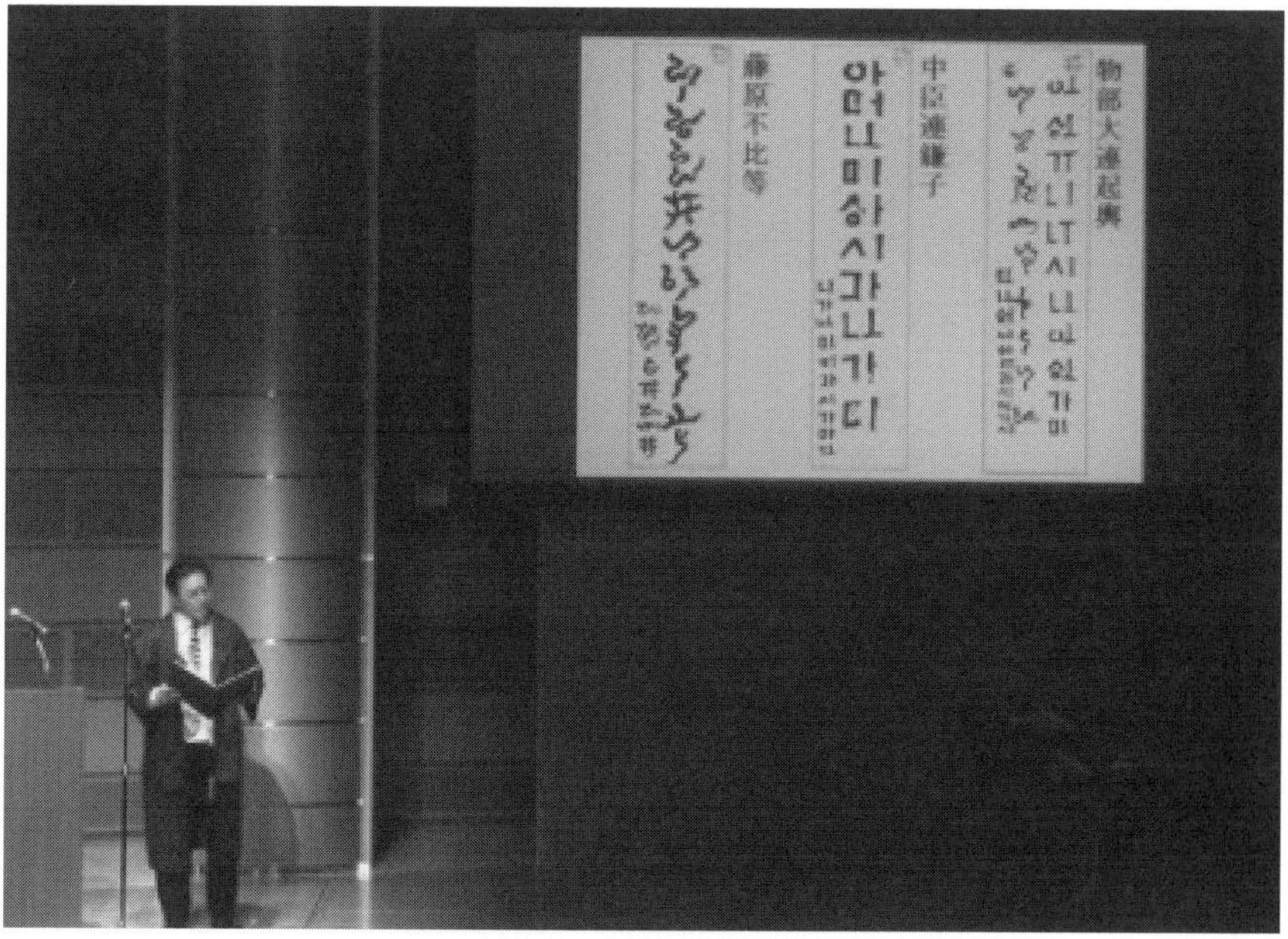

古事記編纂1300年記念祭にて

20　宇宙とは「創造意識であり生命エネルギー」である

「創造神（創造の親神）」といえば、誰もがイザナギの父神とイザナミの母神である、と答えるだろう。この二神は、五十のことたま（ことたま五十神）を縦横に操って創造を司る。

「イザナギ大神」は、実は、陽のことたまで「い」の創造意識（母音ことたま）である。すなわち「イの霊《ち》」である。

「イザナミ大神」は「ゐ＝wi」のことたまで陰の創造意識（陰母音ことたま）で「ヰの霊《ち》」である。この陰陽の創造意識には必ず「創造八神」が付き添う。

この八つの創造意識の具象化の威力は、「イカヅチとイナズマ」に象徴される。

イカヅチとは五十土《いかづち》、すなわち「ことたま五十神と言霊のはたらき五十神」を駆使して「現実という創造」をなす「創造の原動力」が、創造の親神二神と創造のイカヅチ八神のご神威なのである。

創造のイカヅチ八神は「ことたま」で表せば、陽が「チ・キ・ヒ・シ」四神、陰が「yi・ミ・リ・ニ」四神である。親神「イ（イザナギ神）」と「ヰ（ヰザナミ神）」で十神となる。創造意識の宇宙とは、この十神の宇宙である。

私たちがこの「創造」のことたま「イ・yi・チ・キ・ミ・シ・リ・ヒ・ニ・ヰ」を口から発するとき、口元は必ず「永遠の微笑み」の構造となる。宇宙の構造は、「永遠の微笑み」で形容される創造意識なのだといえる。

そして、この国の民は古代から、この永遠の微笑みの文化を継承してきたが、それを東洋の神秘として好奇の目で見るのではなく、人類の到達域にこそ「永遠の微笑み」があるのだということを自覚してもらいたい。

創造意識に意志が生じるとき、その宇宙意志を「天意（あい）」という。もちろん「愛」の字を用いても同じである。

ちなみに鳥居には「十《と》の理《ことわり》の霊《ひ》（ことたま）＝十理霊《とりひ》」をあてることができる。

（イ・yi・チ・キ・ミ・シ・リ・ヒ・ニ・ヰの十理霊《とりひ》）

21　感情が決断と実行の源となるわけ（真善美の美、美の精神宇宙）

はじめに「愁いの宇宙」がある。そこから「陰と陽」の、「あ（陽）」と「わ（陰）」の母音宇宙が同時に顕れる。

「あ・わ」の宇宙は、とりもなおさず「感性」の宇宙であり、やがて「感情」の宇宙となっていく。陰と陽は、神器「剣の法則」によっている。すなわち、「両刃の片方で分けると、もう一方で分かる」ということを表す。

私たちが何かを決断するとき、必ずといっていいほど「感情」によって行っているのは、この宇宙の構造によっている。

計算上は明らかに別な選択肢があるのに、最後は「エイヤッ」と感情にしたがってしまいがちである。交際でも離婚でも、案外と感情にしたがっている。

感情の宇宙は、真善美のうちの「美の精神宇宙」でもある。色彩多彩な精神宇宙で、宇宙の叡智は流体ではなく面や映像で受信する右脳的宇宙であり、月夜見の尊の精神宇宙である。

22 左脳が経験させられる「知とはたらき」の功罪

経験を積み、経験から知や智を蓄積していき、やがては「真善美の真の精神宇宙」へと到達する。

悟りへと向かう精神宇宙がある。経験を積んで知性が磨かれていく。哲学はここに属する。悟性の精神宇宙は、月読尊の精神宇宙である。ツキヨミ、あるいはツクヨミは、月夜見が右脳的展開宇宙であり、月読は左脳的な展開宇宙である。

経験、すなわち行動で蓄積される「経験の知」は、しばしばマインドコントロールされた知を提供し、自らの健康の維持を阻害したり、左脳を隷属の道具にされたりする。情報収集にいとまなくこれ務め、新聞やテレビや週刊誌に至るまで目を通そうとするあまり、自分の脳を他者に支配されてしまいがちになることがある。

脳は同時に「二つ以上の思考」をすることができない。そこに落とし穴がある。何かを見させられれば、そのことに話題を集中させる。人の意見やテクニカルに流される他者の思惑をありがたがって収集し、自分の考えであるかのように吹聴する。それに周囲まで巻き込んでいるうちは、「真善美の真の宇宙」に同化することはできない。

思いは「左脳」が、その思いを受け止めなければ、実現へは向かえない。例えば、ここに大変な価値をもった宝物があったとしても、それを価値があるものとして左脳が認識しなければ、その御宝《みたから》は埋もれたままとなる。左脳が認識することが大事なのであり、右脳と左脳の大調和が「宇宙通信」を引き寄せる。

23　ワンネス宇宙からの使徒、ことたま十七神

ここまで駆け足で私たちの六つの精神宇宙と、肉体を手放した後の世界を垣間見てきた。詳細は次回作に譲りたい。

肉体を手放せば「空《くう》」に還る。空とは何ぞや。そこには何もないわけではない。そこは、なにごとかはあるが見えない世界と捉えたらいい。生命体から生体は離れたが、意識の生命場は残る。宇宙の構造は相似象している。向こう側にも精神宇宙が次元をなす。

そして、やがては、生命場も消えて完全に一つ（ワンネス）になる。それを無とでもいえばいいのだろうか。

そこから使わされる使徒がある。陰と陽の使徒がある。陽の神には「たかみむすひ」という神名がついている。陰の神が「かみむすひ」である。

「たかみむすひ」のことたまは「あ」である。「かみむすひ」のことたまは「わ」である。

恵那山　血洗（ちあらい）池

24　先天十七神が生む「後天三十二神」

ワンネス宇宙からの使徒、先天十七神のことたまについては次回作で紹介する。その先天構造の十七神から生まれる「ことたま三十二神」については誕生順に載せておく。時間の概念がない宇宙なので後先はないということがいえるのだが、それでも生まれた順はあるとされている。

この三十二神の並びは、そのまま流体の生命意識となっているので、大事な場面では唱和なさったらいい（極めて重要な祝詞とされる）。

「祝詞」
たとよつて・やゆえけめ
くむするそせほへ
ふもはぬ・らさろれの
ねかまなこ・・・ウン

（なお、言霊百神のことたまとそれぞれの特性、自身の名前に標された自身の使命は次回作に掲載させていただきます）

25　意識に掛かる強い圧を想念という

生きものにはその生きものの独自固有の構造や骨格があり生命が宿っている。岩石も同様である。

そして、「ことたま」もまた独自固有の「響き（波＝生命）」を持ち、線上の連なりを持つとき「言霊」としての生命が宿っている。

すなわち構造を持った生命エネルギーの流れとなる。

言霊のはたらきは糸状に線状に、流体で伝わってきて、面状に（実際には空間にあまねく立体で）広がっていく。

縦糸横糸で紡いだ「面のことたまの普遍な並び」を意識という。そして、その意識に生じる「はたらき（マルにチョン）」を「意志」という。意志によって意識にはたらきが生じる。

意識に掛かる強い圧（意識圧）を「想念」という。意志に動き（行動）が伴えば現実がつくられる。

意志は、創意（創造二神のはたらき）を、善意（アマテラス神の利他のはたらき）を、そして熱意（ツキヨミ神のはたらき）などの個性を持つ。想念に動き（行動）が伴えば奇跡的な現実が起こる。

意志が現実をつくり、想念が現実をつくるが、多くは「試行錯誤というプロセス圧」をたどってから精度の高い現実が生じる。

ところが、多くはその圧に耐えかねて、途中で投げ出す。あるいは優先順位を落とし、あるいは忘却してしまう。あろうことか、「失敗視して落胆する者」もいる。

古事記神話（言霊の書）では、イザナギ大神のみそぎの際に、鼻の常在菌からスサノオ神が、左目の側からアマテラス神が、右目の側からツキヨミ神が生じている。目は左右で「一体のはたらき」をなす。

この三神（三はしらのうずのみこ＝三貴子）は、「人間界（生命体）の五つの精神宇宙を司る役割」を担っている。

ちなみに、アマテラス神の皇子八神の頭文字をとったことたまの並びが「とおかみえひため」である。この流体エネルギーは尾てい骨から背骨（御柱）を駆け上がる生命エネルギーで、生体の維持には尊い流体の「言霊」である。

古事記神話ではスサノオ神が鼻から生じたといった。

鼻は第一頸椎、第二頸椎を司り、背骨を上から駆け降りる生命エネルギーでもある。呼吸の「吸」は鼻から「スー」と吸う。

この、音にならない「吸引のことたま【ス】」は、極めて尊いことたまである。

（古事記神話で、神創りを終えたイザナギ大神は、この音にならない【ス】でお隠れになられるのであった）

神話では、「創造の太柱」を「イザナミ大神」が右回り、「イザナギ大神」が左回りのウズとなって、子のことたま（子音ことたま）を三十三神産んでいる。

すなわち、女性性のイザナミ大神が産んだ「ことたま」は、厳密には三十二なのである。このことたま群を「後天構造のことたま」という。

イザナギ・イザナミの前に十五神がいる。この二神（創造の親神という）を含めて「先天構造のことたま十七神」という。

イザナミ大神は、三十三番目の神を産んでしまえば、身を隠さざるを得ない事態に陥るのである。ことたまの構造上は「イザナギ大神」との組み合わせでも産めるはずがない「ことたま」を産んでしまった。

それが「ン」のことたま「ニギハヤヒ神」なのであった。

三十二神以外は「イザナギ（父韻）」の「T・K・M・H・R・N・Y・S（八父韻）」と「イザナミ（五母音）」の組み合わせからは産むことはできない。

古事記神話は、ことたまの法則上、無理を承知で産ませてしまったことを物語っている。古事記は実に正直に「ン」の「ニギハヤヒのみこと」の誕生物語を載せている。

まさに「イザナミ大神あっぱれ」ということになる。

さて、それでは五十一番目から百番目までの神を、どうしてイザナミ大神が産まなかったのだろうか。その答えは簡単である。イザナミ大神に産めといっても産みようがないからである。

ことたまの原理を記す古事記であっても、そうでなくても「ことたまは五十神（五十音）」で完結するのである。

古事記は「言霊五十神、それ以上もそれ以下もない」といっている。

これに対し、五十一番目から百番目までの神は、「言霊のはたらきの神、五十神」である。この言霊のはたらき五十神は、「イザナギ大神」一神から生じている。

「イザナギ大神」は男性性（陽）の神である。女性性（陰）の神ではないので産むことはできないが、生じさせることはできる。

「はたらき」は具体的な「行動」を必要とする。精神的な活動である場合の「はたらき」は、抽象を産むことはできるが、具象させることはできない。

その抽象を現実化（具象）させるためには「行動」が必然なのである。

そして、その「行動」こそが女性性「イザナミ大神」の陰の役割である。

「行動というイザナミの役割を用いるのは統皇《すめらみこと》よ、なんじなるぞ」といっているのが古事記神代の巻（言霊の書）である。

しかし本書では、読者であるあなた自身が「イザナミ大神の法則」の使い手となる。

それによって具象する現実もまた、あなた自身のものとなる。

なお、出雲神話の世界は「後天構造のことたま四十神」としている節がある。それは「八父韻×五母音＝四十」となること。出雲の四柏手《かしわで》で四十を打つことにも表れている。

26　母音ことたまと父韻ことたまと、創造の親音ことたま

「あいうえお」の各々の響きの宇宙が、各々「陽の母音」宇宙である。「わゐwuゑを」の五行が、各々「陰の母音」宇宙である。

なお、「ゐ」は「wi（ウィ）」の響きをなし、「ゑ」は「we（ウェ）」の響きをなす。「い」と「ゐ（ウィ）」は「創造意識の親音」である。

点（天）の宇宙に線をなす「創造のはたらき」の流《りゅう》（龍《りゅう》）は、「あわのうた」においては創造の親に連なる「Ki・Hi・Ni・Mi・Ti・Ri・Si・Yi」が「創造のはたらき」をなす。

この流《りゅう》（龍《りゅう》）を「名綱《なづな》」ともいう。すなわち、各々が陰か陽の電位を帯びた一つひとつの「頭」である。ところが、八つのことたまの連なりである。連なりが馴染むときが「連（つ）るむ」なのである。この「創造のはたらき八神が連るんだ構造を「八束（やつか）の剣（連るぎ）」という。

「Ki・Hi・Ni・Mi・Ti・Ri・Si・Yi」の「八つのことたま八神」は、創造の親神「i（い）」の意志を帯びるまでは、「K・H・N・M・T・R・S・Y」という韻《いん》の宇宙にある。この八つの韻が「父韻（ふいん）」である。

父韻とは、いまだ「音（おん）」にはならない前段のバイブレーションなのである。

この八韻を「父韻（ふいん）」といい、「あいうえお」五音を「母音（ぼおん）」という。

「父韻」は、創造の親神「i（い）」の意思に随（したが）えられて、初めて「Ki・Hi・Ni・Mi・Ti・Ri・Si・Yi」という「子音」となるのである。

「子音ことたま四十神」は、「八つの父韻」が、各々「あ・う・え・お」の四母音に随えられて、「あ↓かさたな・はまやら」、「う↓くすつぬ・ふむゆる」、「え↓けせてねへめYeれ」、「お↓こそとの・ほもよろ」となって生まれる。

このことたまの連なりは、一つひとつが独自固有の性質を持った「頭（かしら＝ず）」である。はじまりの母音と、九番目の頭（ず）の連なりが具象させていく具象の流れを「九つの頭の連なる流れ・九頭龍」という。

（もちろん、現象をつくるはたらきなのではあるが、現象化もする。それが青龍、赤龍、白龍、黒龍、金龍である）

「子音四十音」による「地の理」の世界が、「出雲大社」に表徴される。

ご正殿で打ち鳴らす「四柏手（かしわで）」は、陽の五本指と陰の五本指を四度打ち鳴らし、四十音宇宙を表している。


神宮（伊勢）は、「マナ（真名）の井戸」に表されるように「地の理・十二音」の精神宇宙である。創造八神は先天構造の十七神を向こう側に、後天構造三十二神をこちら側として表現しているのである。

ご正殿では「八柏手を四度、あるいは、四柏手を八度」打ち鳴らし、三十二のマナのことたま宇宙を表している。

神宮（伊勢）は、五十ことたまのうち「先天構造ことたま十七＋ん」の十八を向こうに配し、こちら側の後天構造ことたま三十二を打ち鳴らして五十をはたらかせている。

また、出雲大社の四十ことたまは「三十二子音と創造のはたらき八ことたま」の四十を駆使する世界である。「八つの韻に母音五がはたらいて生じる四十」を用いているのである。創造のはたらき八神を「音」ではなく「韻」においているのである。

（八×五＝四十）

すなわち、神宮（伊勢）も出雲も同じであるということを意味している。

神宮（伊勢）は、明確に「先天十七神」と「後天三十二神」を二層構造として捉えている。そして、この先天十七神のはたらきを聖域で組むときは「十四（じゅうよん＝とよ）」として行うのである。

「トヨに組む＝トヨクムの命」、「トヨウケ大神」は「聖なるトヨの布陣となる」ことであり、トヨとはいうまでもなく「豊か」を意味する。「衣食住までもが豊か」という意味であろう。

この日本という神域には、そのような精密な宇宙構造が刻まれている。私たちはそのことたま宇宙の担い手なのである。

「いつの頃からか」との問いは、いかにも愚かしく思われる。「誰がそのようにしたのか」との問いも愚かすぎるように思う。「人間技ではない」、そのことだけはいえるのではないか。私たちはそういう国に住まわされている。

● 「イン」とは「韻」のこと。「音になる前駆のバイブレーション」のこと。

「母音宇宙」は、陰陽宇宙のはじまりとともに、初めからそこにあるのである。

どのような存在がこのような宇宙法則をなすのだろう。

それはことたま百神を生す大元の原因宇宙「ワンネスの目」なのではないか。

27　内宮のアマテラス大御神は女性？

「内宮のアマテラス大御神は、女性ではないのか」という声が聞こえてきそうだが、そういう情緒的な話をしているのではない。この日本という国に宇宙の仕組みが精密に組まれているという現実を直視されたい。

伊勢神宮の内宮は古くはいすゞの宮といわれた。さくくしろいすゞの宮といわれていたころ、この聖域を守っていたのは「やまと姫」である。

そして千三百年にもわたるご遷宮の礎を築かれたのが、天智天皇の皇女であり、天武天皇の皇后であった持統天皇である。そして、その遺志を継いだ娘と孫の元明天皇・元正天皇のはたらきが大きい。

この三人が古事記編纂記念に持統を「女神アマテラス」に擬して女性という表現をしたからといって責められる筋合いのものではないのではないか、と思う。

持統天皇はいみなを「高天原ひろむ姫」と称した。「私をアマテラスにして」といっているようなものである。わたしはそういう彼女を「かわいらしい」と思う。

いずれにしろ、彼女たちの「女性性＝行動・実践」が、天武天皇という「男性性＝思い」を具体化し、今の日本国という聖なる場を拵《こしら》えてきたのである。

彼女は、「たかまはらひろむ姫」として、「隠れアマテラス」として、もっと国民に愛されていいと思う。

あとがき

ことたま五十音の一音一音が神であったのです。ことたまを連ねた「ありがとうございます」や、「ごめんなさい」もまた、流体意識という神（あるいは、はたらき）なのでした。

信じられないという方は「霊力を持たせるためにいちいち神名が付けられている」というように受け取ってくださったらいいのではないでしょうか。

思考も理解も判断も決断も「はたらき＝神」なのです。精神は、縦糸と横糸で織られた「精神という名の神」です。宇宙はすべてこのような神の仕組みによっているのです。

ことたまは神である。言葉は神である。文字もまた神なのである。そして、古事記神代の巻は、紛れもなく言霊の奥義書となっています。稗田阿禮、おそるべし。この国の仕組みは実に精密につくられているといえそうです。

それにしても古事記神話において、スサノオ神は何故、アマテラス神の田んぼを壊し、神殿を汚し、織機屋《おりはたや》に狼藉をはたらいたのでしょう。

ツキヨミ神はどこにいるのでしょう。
それらの神話はすべて、言霊の運用の話だったのです。岩戸開きの話を含めて、どうぞ次回作をお待ちください。

本書を、謹んで稗田阿禮のみこと、太安麻呂卿に、そして、言霊研究の先人たち、山腰弘道氏・山腰明将氏・小笠原孝次氏・島田正道氏に捧げさせて頂きます。

言霊百神　完

大下伸悦　拝

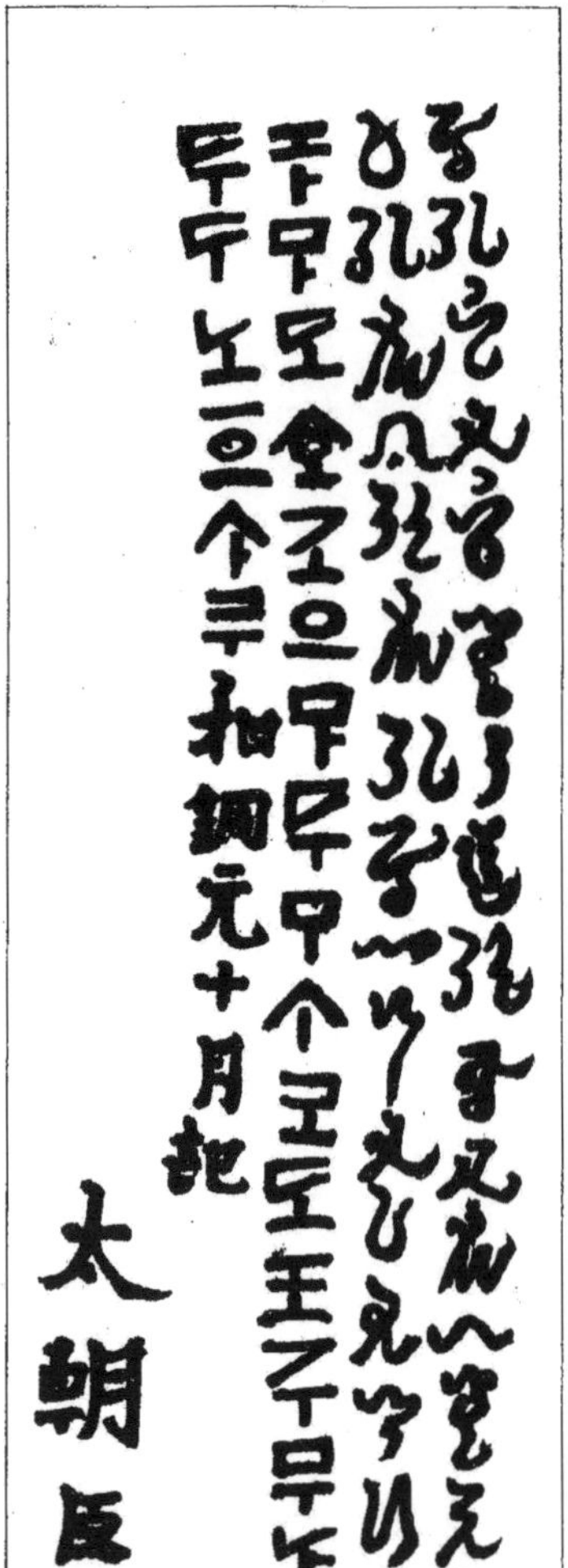

太安麻呂自筆
（保存会のホームページより）

大下　伸悦　（おおした　しんえつ）

略歴

自由芸術農園運営・ＧＯＰグリーンオーナー倶楽部主宰。
楽しく生きる会会長。二十一世紀幸塾専務理事。
新日本文芸協会顧問。作家名：小滝流水。
伊勢神宮の神代文字奉納文・保存会代表
ＧＯＰでは、日本の農業を救う具体案を実践を通じて提示する。
二十一世紀幸塾、ＧＯＰホームページコラムにて最新情報を発信。
１９４９年、岩手県久慈市生まれ。

著書一覧

幸せを引き寄せる食と農	新日本文芸協会オメガ
新時代の食と農業へのいざない	新日本文芸協会オメガ
冬の農地が凍らない	新日本文芸協会オメガ
親子のかたち	新日本文芸協会
つきの玉手箱	新日本文芸協会
生活費を下げて健康になる	新日本文芸協会

★ＧＯＰグリーンオーナー倶楽部　http://www.gop55.com/
★二十一世紀幸塾　http://www.saiwaijyuku.gr.jp/
★新日本文芸協会　http://www.sn-bungei-kyoukai.com/
★伊勢神宮の神代文字奉納文保存会　http://hounoubun-hozonkai.com/

言霊百神《ことだまひゃくしん》

発　行・ 2014年3月23日　初版第一刷
　　　　 2021年8月15日　新版第一刷

著　者・ 大下　伸悦

発行者・ 峰村　純子

発行所・ 株式会社ミネムラ
新日本文芸協会オメガ
〒252-0216 神奈川県相模原市中央区
清新 2-3-5-202
電話　042-851-3707
http://snb-omega.com

発売元・ 星雲社（共同出版社・流通責任出版社）
〒112-0005 東京都文京区水道 1-3-30
電話　03-3868-3275

印刷・製本・ 藤原印刷株式会社

ISBN978-4-434-29242-2　C0081

オメガ出版の既刊・DVDのご案内

続 新時代の食と農業へのいざない

冬の農地が凍らない　大下伸悦著

1,650円（本体1,500円+税）

続 新時代の食と農業へのいざない

〜神谷成章の農業技術〜

零下10度で野菜が栽培できる。そして完成！草の生えない土づくり。「路面も水道管の水も凍りつくなか、自分の畑の野菜だけは青々として育ち続けている、そんな畑があるとしたらどうだろうか」

常に進化を続ける農業指導者神谷成章先生の新たな農業技術を伝授します。

新時代の食と農業へのいざない　大下伸悦著

1,650円（本体1,500円+税）

驚きと称賛　世界中に広がりだしている日本の農業指導者

〜神谷成章の農業技術〜

『幸せを引き寄せる食と農』を読んで、実践されたい方のためのノウハウが載っています。どうぞ、この本を片手に、素晴らしい農園ライフをお楽しみください。

幸せを引き寄せる食と農　大下伸悦著

880円（本体800円+税）

一本のニンジンが人生を変える

〜神谷成章の世界〜

食べているだけで、健康になる米や野菜があります。知恵をまなび、大地に感謝して野菜を育ててみませんか。初版があっという間に売り切れ、現在すでに6刷りです。ご注文が絶えません。

神谷成章先生の初のＤＶＤ

5,０００円（本体4,５４6円+税）

「食と農について〜食と農と健康の祭典2014 in 岡崎より」の講演録

２時間４０分の講演の中では「死んだ土と生きている土の違い」や、実際のトマトなどを見ることができます。本には載っていないさらに進化した神谷先生からリアルに知恵を学ぶことができます。農を実践される方は必見です。

神谷成章先生の DVD 第二弾

5,０００円（本体4,５４6円+税）

「食と農について〜食と農と健康の祭典2014 in 相模大野」の講演録

岡崎の講演からさらに進化した神谷先生の世界を学ぶことができます。「これからの農業について」「ハイテク農業について」「土の重要性」「ジャガイモについて」「水の原理」「炭化肥料の効果」「栄養がある植物の作り方」など。

神谷成章先生の DVD 第三弾

5,０００円（本体4,５４6円+税）

「食と農について〜食と農と健康の祭典2015 in 相模大野」の講演録

「水の重さについて」「土の pH の重要性」「セイショー式農法の紹介」「免疫について」「資材について」「生きたものを食べる」「胚芽のとれない米作り」など 2 枚組（合計 2 時間 43 分）。

神からの手紙　第1巻～第7巻　たいらつばき著

各1,650円（本体1,500円+税）

「あなたは愛されています。自分を大切にしてくださいね」という神からのメッセージ。人生への応援とヒントが詰まっています。第1巻：第1章日本の在り方、第2章神の期待、第3章悟り、第2巻：第4章体、第5章愛、第3巻：第6章人の生き方、第7章祈り、第8章この世、第4巻：第9章あの世、第10章お金、第11章あの世2、第5巻:第12章 時間、第13章 命、第14章 魂。

神代文字で書かれた

大御食神社社伝記に学ぶ（壱）　伴崎史郎著

1,980円（本体1,800円＋税）

長野県駒ケ根市にある大御食（おおみけ）神社。ここに残されている神代文字で書かれた大御食神社社伝記を読み解きます。古代文字を解読できる古代文字便覧を収載。

宇宙のすべてがあなたの味方　山川亜希子・PICO 著

1,650円（本体1,500円+税）

２０１５年さがみ健康クラブで開催された「山川亜希子さん・PICO さんジョイント講演会」の講演をもとに、亜希子さん、PICO さんからのさらなるステキなメッセージを加えて凝縮させた渾身の一冊。

共鳴する魂のエネルギー　保江邦夫・中健次郎講演会（DVD）

3,300円（本体3,000円+税）

2015年7月11日、さがみ健康クラブで開催された保江邦夫さん、中健次郎さんの講演会と対談を収録。お二人の今までのスピリチュアルな経験と、そこから学んだ叡智が語られています。中健次郎さんのお話と気功の実践に加えて、奥様の暢子さんとの華麗な舞も収録しました。2枚組（合計2時間42分）。

日本のこころを思い出す（DVD）

3,300円（本体3,000円+税）

2016年5月さがみ健康クラブで開催された、Ａｉｋａさん、矢作直樹さん、中健次郎さんの講演と対談を収録。Ａｉｋａさんの歌と舞、矢作さんの講演、中さんのお話と気功の講習など盛りだくさんの内容です。2 枚組（合計 3 時間 28 分）。

精霊と共に生きる（DVD）

3,300円（本体3,000円+税）

2018年6月さがみ健康クラブで開催された山川紘矢さん、山川亜希子さんの講演を収録。いまあなたに最適なメッセージがお二人のエネルギーと共に込められています。2 枚組（合計 2 時間 18 分）。

大鵬神功～中健次郎　気功講習会（DVD）

4,070円（本体3,700円+税）

2014年12月さがみ健康クラブで行われた中健次郎さんの気功講習会を収録。2枚のディスクに5時間10分にも及ぶ講習会の様子が余すところなく収録されています。DVDを見ながらご自宅でも気功を始めてみませんか？

中健次郎気功入門オンラインセミナー（DVD）

2,750円（本体2,500円+税）

2020年6月に2日間にわたりオンラインで実施された講習会を収録。気功の基本をゆっくりと学べます。2枚組（合計5時間13分）。

※ZOOMによる講習会の録画

中健次郎気功入門オンラインセミナー2（DVD）

3,300円（本体3,000円+税）

2020年12月に2日間にわたりオンラインで実施された講習会を収録。霊元功、拱筋抜骨、朱燕展翅、蒼竜取水など。2枚組（合計5時間10分）。

※ZOOMによる講習会の録画

宇宙のすべてがあなたの味方（DVD）

3,300円（本体3,000円+税）

2015年9月6日、さがみ健康クラブで開催された「山川亜希子さん・ぴこさんジョイント講演会」の講演録。シャーリー・マクレーンの『アウト・オン・ア・リム』など多数の翻訳で知られる山川亜希子さんと人気ブロガーぴこさんの夢のジョイント講演を余すところなく収録しました。自分らしく、楽しく幸せに毎日を過ごしたい方必見です。

山川紘矢さん講演 DVD 幸せに生きる in 相模大野

2,035円（本体1,850円＋税）

2014年3月15日、さがみ健康クラブで行われた山川紘矢さんの講演録です。エネルギッシュでパワーあふれる紘矢さんのメッセージは、聞く人の心を根底から揺り動かし、ハートには愛を入れてくれます。あなたも紘矢さんのメッセージに触れ、幸せに生きてみませんか?

ご注文はオメガのネットショップ、ＦＡＸでお申し込みができます。

http://snb-omega.com
FAX：03-6800-3950

新日本文芸協会　オメガ　検索